Doris Lessing

MEINE KATZEN

Aus dem Englischen von Barbara Christ,
Manfred Ohl, Hans Sartorius und Hans J. Schütz

Hoffmann und Campe

INHALT

KATZEN

Am häufigsten hört man über Katzen, dass sie »unabhängig« sind, und dann, dass Menschen ihnen nichts bedeuten, nur Orte – und das sagen Leute, die wissen, dass ihre Katze am Fenster sitzt und nach ihnen Ausschau hält, jeden Tag.

Diesen Schaden hat Kipling angerichtet, mit seiner Erzählung *Die Katze geht ihre eigenen Wege*.

Studien an Wildkatzen – will heißen, verwilderten Hauskatzen –, die in Gemeinschaft leben, haben gezeigt, dass die Weibchen Kindergärten und -krippen bilden, indem sie ihre eigenen Jungen und die der anderen bewachen und füttern, während ein, zwei andere auf die Jagd gehen, um alle zu ernähren. Junge Männchen haben es in vielen Spezies schwer, weil sie am Rand der sicheren, aus Weibchen bestehenden Gruppe leben. Die jungen Kater schleichen herum, hoffen auf eine kurze Gelegenheit zur Paarung, wenn die Kater, die das Sagen haben, es zulassen oder gerade nicht hinsehen, und versuchen oft, wie Katzenjunge in Nester zu kriechen, denen sie längst entwachsen sind. Reifere Männchen streifen umher, wenn sie die Paarungen und Kämpfe hinter sich haben oder von ihren Nachkommen besiegt worden sind. Die sieht man dann allein und einsam durch Hecken oder Wildnis laufen, aber sie leben nicht lange, weil sie Krankheiten, Kampfverletzungen und – in bebauten Gebieten – dem Straßenverkehr zum Opfer fallen.

Man verpasst etwas, wenn man seine Katze nicht beobachtet und sich stattdessen auf »allgemeine« Weisheiten verlässt. Eine Katze gibt zurück, was man in sie investiert, erwidert Zuneigung und Aufmerksamkeit, entzieht sich aber in würdevoller Stille, wenn man sie nicht beachtet. Kein Wesen ist sensibler, wenn man es kränkt oder verspottet oder auch ärgert. Wenn man es übertreibt, macht sie sich auf die Suche nach einem Heim, in dem man freundlicher zu ihr ist. Doch nicht einmal das darf man verallgemeinern: Wer mehr als ein Kind bekommen hat, weiß, dass jedes Neugeborene anders ist, und so ist auch in einem Wurf Kätzchen jedes einzelne ein Individuum. Wie bei den Menschen gibt es grobe und sensible, dumme und kluge, anschmiegsame und distanzierte. Sie können redselig und schweigsam sein, Angeber und bescheidene Introvertierte.

Bisweilen sind sie aufmerksamer, als uns lieb ist – und wissen mehr über uns, als wir denken. Es kommt vor, dass uns das »Haustier« durch eine kleine Geste oder Aufmerksamkeit überrascht, die zeigt, dass es uns verstanden hat. Man ist traurig, bang, verzagt – und schon kommt die Katze und zeigt ihr Mitgefühl, indem sie leckt oder schnurrt. Man ist beschäftigt und hat sie vergessen – doch sie macht sich durch einen sanften Biss oder Pfotenhieb bemerkbar. Man hat verschlafen, schlägt die Augen auf und sieht das Gesicht der Katze zwanzig Zentimeter vor dem eigenen: Sie hat einen durch ihr Schnurren geweckt.

Wir teilen unseren Gefühlsapparat mit ihnen, obwohl das von manchen Leuten heftig bestritten wird – die sich gern aufblasen, indem sie sich über andere Spezies erheben. Wenn man Katzen beobachtet, kann man die ganze Skala menschlicher Emotionen sehen – Liebe, Zuneigung, Antipathie, genauso irrational wie bei uns. Man sieht verletzte Gefühle und Eifersucht, die bei Katzen stark ausgeprägt ist, weil sie gern an erster Stelle stehen.

Und sie können denken, wie wir. Eine intelligente Katze kann durchaus langfristig planen.

Ein herrenloser Kater setzte einmal seinen Plan um, mit uns zu leben, einen langwierigen, wohlüberlegten, durchdachten Plan. Tagelang wartete er vor der Hintertür, bis wir uns erweichen ließen. Er bekam einen Stuhl in der Küche, wo er eine Weile saß. Dann ergatterte er einen vorläufigen Platz unter der Badewanne. Schließlich stellte er uns vor die Herausforderung, ihn aus dem Wohnzimmer zu werfen – doch wir wiesen ihm einen niedrig platzierten Knautschsack zu, wo sich die anderen Katzen nicht an ihm stören würden. Und am Ende passte er einen Moment ab, um aufzustehen und Anspruch auf einen guten Platz zu erheben, womit er der Katze, die das Sagen hatte, den Fehdehandschuh hinwarf.

Haben Katzen wirklich den »sechsten Sinn«? Während ich schreibe, läuft eine Radiosendung, in der es um diese Frage geht. Ich denke schon. Ich glaube, dass sie wissen, was man gerade denkt, und scheinbar unerklärliches Verhalten lässt sich erklären, wenn man sich erinnert, was man im betreffenden Moment gerade gedacht hat.

RUFUS

Die Ereignisse warfen ihre Schatten voraus – schon Monate vorher. Während des Frühlings und Sommers tauchte, wenn ich auf dem Gehweg vorüberging, unter einem Wagen oder aus einem Vorgarten ein räudiger roter Kater auf; er stand einfach da, war unübersehbar, hob den Kopf und sah mich unverwandt an. Er wollte etwas, aber was? Katzen auf dem Gehweg, Katzen auf Gartenmauern oder Katzen, die einem aus Hauseingängen entgegenkommen, strecken sich, bewegen den Schwanz, grüßen, gehen ein paar Schritte mit. Sie wollen Gesellschaft, oder sie bitten, wenn sie den ganzen Tag oder die Nacht von strengen Besitzern ausgesperrt werden, was häufig vorkommt, um Hilfe mit einem lauten, hartnäckigen Miau, das bedeutet, dass sie hungrig oder durstig sind oder frieren. Eine Katze, die sich an der Straßenecke an deine Beine schmiegt, mag vielleicht überlegen, ob sie ein schlechtes Zuhause gegen ein besseres eintauschen kann. Aber dieser Kater miaute nicht. Er sah mich nur nachdenklich und durchdringend mit gelbgrauen Augen an. Dann begann er langsam, mir auf dem Gehweg zu folgen, ohne den Blick abzuwenden. Er stellte sich ein, wenn ich nach Hause kam und wenn ich das Haus verließ, und er ging mir nicht mehr aus dem Kopf. War er hungrig? Ich brachte ihm Futter hinaus und legte es unter ein Auto; er fraß etwas, ließ den Rest aber liegen. Und doch war er in Not, verzweifelt, das wusste ich. Hatte er in unserer Straße ein Zuhause, war es schlecht? Am häufigsten schien er sich ein paar Häuser entfernt aufzuhalten, und als einmal eine alte Frau in dieses Haus ging, folgte er ihr. Also war er nicht heimatlos. Doch er gewöhnte sich an, mir bis zu unserem Tor zu folgen, und als einmal eine Kinderflut über den Gehweg tobte, zog er sich erschrocken in unseren kleinen Vorgarten zurück und beobachtete mich an der Haustür.

Er hatte Durst, nicht Hunger, oder er war so durstig, dass der Hunger weniger wichtig war. Das war im Sommer 1984 mit den Zeiten anhaltender Hitze. Katzen, die den ganzen Tag ohne Wasser ausgesperrt waren, litten. Ich stellte eines Abends eine Schale mit Wasser vor den Hauseingang, und am nächsten Morgen war sie leer. Als die Hitze anhielt, stellte ich eine zweite Schale auf den rückwärtigen Balkon, der über einen Fliederbaum oder mit einem mächtigen Sprung von einem kleinen Dach aus zu erreichen war. Und auch diese Schale war jeden Morgen leer. Eines heißen staubigen Tages kauerte der rote Kater vor der Wasserschale auf dem Balkon und trank und trank ... Er trank das ganze Wasser und wollte mehr. Ich füllte die Schale, und wieder kauerte er sich davor und trank alles. Das bedeutete, dass mit seinen Nieren etwas nicht stimmte. Jetzt konnte ich ihn in aller Ruhe betrachten. Es war ein zerzauster Kater, unter dessen schmutzigem, struppigem Fell die Knochen hervortraten. Aber er hatte eine wunderschöne Farbe, wie Feuer, wie ein Fuchs. Es war, wie man sagt, ein »richtiger« Kater mit seinen zwei pelzigen Bällchen unter dem Schwanz. Seine Ohren waren eingerissen und narbig von Kämpfen. Nun war er nicht mehr auf der Straße, wenn ich aus dem Haus ging und zurückkam, er war von der Vorderseite der Häuser und dem gefahrvollen Leben mit den schnellen Autos und den lärmenden, tobenden Kindern zur Rückseite umgezogen in die Szenerie der langen, ungepflegten Gärten, der Bäume und Sträucher, der vielen Vögel und Katzen. Er kam auf unsern kleinen Balkon mit den Topfpflanzen, der von einer niedrigen Mauer begrenzt wird. Die Zweige des Fliederbaums, immer voller Vögel, hängen darüber. Er lag im schmalen Schatten der Mauer, die Wasserschüssel war ständig leer, und wenn er mich sah, erhob er sich und wartete neben der Schüssel auf mehr.

Inzwischen hatten die Hausbewohner begriffen, dass wir eine Entscheidung treffen mussten. Wollten wir noch eine Katze haben? Wir hatten bereits zwei schöne, große und träge kastrierte Kater, denen es immer so gut ging, dass sie glaubten, das Leben sei ihnen Futter, Bequemlichkeit, Wärme und Sicherheit schuldig. Sie mussten niemals um etwas kämpfen. Nein, wir wollten nicht noch eine Katze und ganz sicher keine kranke. Aber inzwischen trugen wir außer Wasser auch Futter zu dem alten Streuner hinaus und stellten es auf den Balkon, damit er wusste, es war eine Gefälligkeit, kein Recht; er gehörte nicht zu uns und durfte nicht ins Haus. Wir nannten ihn im Spaß unseren »Freilandkater«.

Das warme Wetter dauerte an.

Man hätte ihn zum Tierarzt bringen müssen. Aber das hätte bedeutet, dass er unsere Katze war, dass wir nun drei Katzen hätten, und unsere beiden Kater waren beleidigt, misstrauisch und gekränkt wegen des Neuankömmlings, der Rechte auf uns zu haben schien, wenn auch begrenzte. Außerdem, was war mit der alten Frau, die er manchmal besuchte? Wir beobachteten ihn, wie er steifbeinig den Gartenweg entlangging, rechts abbog und unter dem Zaun hindurchkroch, einen Garten durchquerte, dann noch einen, wobei sein Rot sich leuchtend von dem stumpfen Spätsommergras abhob, und dann verschwand, vermutlich an der Hintertür eines Hauses, wo er willkommen war.

Das warme Wetter war vorüber, und es begann zu regnen. Der rote Kater stand im Regen auf dem Balkon, das Fell war vom tropfenden Wasser gestreift, und er sah mich an. Ich öffnete die Küchentür, und er kam herein. Ich sagte ihm, er könne einen Stuhl haben, aber nur diesen einen; das sei sein Stuhl, und mehr dürfe er nicht verlangen. Er kletterte auf den Stuhl, legte sich hin und sah mich unverwandt an. Er benahm sich wie jemand, der weiß, dass er das Beste aus dem machen muss, was das Schicksal bietet, bevor es ihm wieder genommen wird.

Wenn es nicht regnete, blieb die Tür zum Balkon, zu den Bäumen und dem Garten immer offen. Wir schließen ungern alles mit Glas und Gardinen aus. Und er konnte noch den Fliederbaum benutzen, um in den Garten hinunterzukommen und sein Geschäft zu verrichten. Den ganzen Tag lag er auf dem Stuhl in der Küche, den er nur manchmal schwerfällig verließ, um noch

eine Schale Wasser zu trinken. Er fraß jetzt viel.
Er konnte nicht an einer Wasserschüssel oder einem Teller mit Futter vorbeigehen, ohne etwas
zu trinken oder zu fressen, denn er wusste, er
durfte sich nie auf etwas verlassen.

Er war ein Kater, der ein Heim gehabt, es aber
verloren hatte. Er wusste, was es bedeutete, eine
Hauskatze, ein Haustier zu sein. Er wollte gestreichelt werden. Seine Geschichte war vertraut.
Er hatte ein Zuhause gehabt, menschliche Freunde, die ihn liebten oder glaubten, ihn zu lieben;
aber es war kein gutes Zuhause, denn die Menschen gingen oft weg, und er musste sich selbst
Schutz und Futter suchen. Oder sie kümmerten
sich um ihn, solange es ihnen passte, zogen dann
aus der Gegend fort und ließen ihn zurück. Einige Zeit war er im Haus der alten Frau gefüttert
worden, offenbar jedoch nicht ausreichend, oder
er hatte kein Wasser bekommen. Inzwischen sah
er besser aus. Aber er putzte sich nicht. Natürlich
war er steif, aber er war enttäuscht worden, ohne
Hoffnung. Vielleicht hatte er geglaubt, er werde
nie mehr ein Zuhause finden. Nach ein paar Tagen, als er wusste, wir würden ihn nicht wegjagen,
begann er jedes Mal zu schnurren, wenn wir in
die Küche kamen. Nie habe ich oder hat jemand,
der zu uns kam, eine Katze so laut schnurren gehört wie ihn. Er lag auf dem Stuhl, seine Flan-

ken hoben und senkten sich, und sein Schnurren dröhnte durch das Haus. Wir sollten wissen, er war dankbar. Es war ein berechnendes Schnurren.

Wir bürsteten ihn. Wir säuberten sein Fell für ihn. Wir gaben ihm einen Namen. Wir brachten ihn zum Tierarzt und bekannten uns dazu, dass wir eine dritte Katze hatten. Seine Nieren waren angegriffen. Er hatte ein Geschwür in einem Ohr. Ein paar Zähne fehlten. Er litt an Arthritis oder Rheumatismus. Sein Herz hätte gesünder sein können. Nein, eine alte Katze war er nicht, vermutlich acht oder neun Jahre alt, in den besten Jahren, wenn er gut versorgt worden wäre. Aber er hatte allein gelebt, so gut er konnte, und das vielleicht seit längerer Zeit. Großstadtkatzen, die sich ihr Futter selbst suchen, die betteln und bei schlechtem Wetter im Freien schlafen müssen, leben nicht lange. Er wäre bald gestorben, wenn wir ihn nicht gerettet hätten. Er nahm seine Antibiotika und die Vitamine und begann bald nach dem ersten Tierarztbesuch mit der beschwerlichen Prozedur des Putzens. Aber er war zu steif, um alle Stellen zu erreichen, und musste sich mühen und anstrengen, eine gepflegte Katze zu sein.

All das spielte sich in der Küche ab, und meist auf dem Stuhl, den zu verlassen er sich fürchtete – sein Platz. Sein kleiner Platz. Sein Halt im Leben. Und wenn er auf den Balkon hinausging, ließ er uns nicht aus den Augen, falls wir ihm die Tür vor der Nase zumachen sollten, denn mehr als alles andere fürchtete er, ausgesperrt zu werden. Und bei jeder Bewegung, die aussah, als wollten wir die Tür schließen, kam er steifbeinig herein und kletterte auf seinen Stuhl.

Er saß gern auf meinem Schoß; wenn er das geschafft hatte, ging es los, er schnurrte und blickte mit seinen klugen graugelben Augen zu mir auf: Siehst du, ich bin dankbar, und ich sage es dir.

Eines Tages, als die Richter über sein Schicksal in der Küche Tee tranken, sprang er von seinem Stuhl und ging bedächtig zur Tür, durch die man den Rest des Hauses erreicht. Dort blieb er stehen, drehte sich um und sah uns eindringlich an. Er hätte nicht deutlicher fragen können: Darf ich weitergehen – ins Haus? Darf ich eine richtige Hauskatze sein? Inzwischen hätten wir ihn gern dazu eingeladen, aber unsere beiden anderen Katzen schienen ihn nur tolerieren zu können, wenn er blieb, was er war, eine Küchenkatze. Wir deuteten auf seinen Stuhl, und er kletterte geduldig wieder hinauf. Eine Weile lag er reglos und enttäuscht da und setzte dann schnurrend die Flanken in Bewegung.

Selbstverständlich kamen wir uns schrecklich grausam vor.

Ein paar Tage später sprang er vorsichtig vom Stuhl, ging wieder zur Tür, blieb stehen und blickte sich fragend nach uns um. Diesmal sagten wir nicht, dass er zurückkommen muss, und so drang er ins Haus vor, wenn auch nicht weit. Er fand einen geschützten Platz unter einer Badewanne, und dort blieb er. Die anderen Katzen kamen, um nachzusehen, wo er war, und erkundigten sich bei uns, wie wir darüber dachten, aber wir fanden, die beiden jungen Prinzen könnten ihr gutes Leben mit ihm teilen. Draußen war es Herbst und dann Winter, und wir mussten die Küchentür schließen. Aber was war mit den Toiletten-Problemen der neuen Katze? Nun wartete der Kater an der Küchentür, wenn er hinausmusste, aber draußen wollte er nicht auf das kleine Dach springen oder den Fliederbaum hinunterklettern, denn er war zu steif. Er benutzte die Töpfe, in denen die Pflanzen zu wachsen versuchten, deshalb stellte ich ihm eine Kiste mit Torf hin, und er verstand und benutzte sie. Es war lästig, die Torfkiste zu leeren. Unten im Haus gibt es eine Katzentüre, die direkt in den Garten führt, und unsere beiden jungen Kater hatten nie, nicht ein einziges Mal das Haus beschmutzt. Ob es regnet, schneit oder stürmt, sie gehen nach draußen.

Das also war die Situation, als der Winter begann. Abends waren die Menschen und die beiden rechtmäßig ins Haus gehörenden Katzen im Wohnzimmer, und Rufus saß unter der Badewanne. Eines Abends stand Rufus in der Tür des Wohnzimmers; es war ein dramatischer Auftritt, denn damit machte die Verkörperung der Entrechteten, der Gekränkten, der Verletzten ihre Anwesenheit bei den Geborgenen, den Gefütterten, den Privilegierten bemerkbar. Er warf den beiden Katzen, seinen Rivalen, einen kurzen Blick zu, hielt aber die intelligenten Augen auf uns gerichtet. Was würden wir sagen? Wir sagten: Gut, er kann den alten, mit Styroporkügelchen gefüllten Ledersack an der Heizung haben. Die Wärme wird für seine schmerzenden Knochen gut sein. Wir machten eine Mulde in den Sack, und er kletterte hinein, rollte sich vorsichtig zusammen und schnurrte. Er schnurrte und schnurrte, er schnurrte so laut und so lange, dass wir ihn bitten mussten, damit aufzuhören, denn wir konnten unser eigenes Wort nicht verstehen, im wahrsten Sinne des Wortes. Wir mussten den Fernseher lauter stellen. Aber er wusste, er hatte Glück, und wir sollten wissen, dass er den Wert dessen erkannte, was er bekam. War ich oben im Haus, zwei Stockwerke höher, konnte ich das rhythmische Dröhnen hören, das bedeutete, Rufus war wach und erzählte uns von seiner Dankbarkeit. Vielleicht schlief er auch und schnurrte im Schlaf, denn wenn er einmal angefangen hatte, hörte er nicht wieder auf, sondern lag zusammengerollt mit geschlossenen Augen da, und seine Flanken bewegten sich auf und ab. Rufus' Schnurren hatte etwas Maßloses und Anstößiges, denn es war so berechnend. Und während wir diesen Veteranen, der nur deshalb noch nicht tot war, weil er seine Intelligenz gebraucht hatte, beobachteten und ihm zuhörten, wurden wir an die Gefahren, an die Abenteuer und die Härten erinnert, die hinter ihm lagen.

Aber unseren beiden anderen Katzen gefiel dies nicht. Die eine heißt Charles, ursprünglich Prince Charlie, nicht nach dem derzeitigen Träger dieses Namens, sondern nach früheren romantischen Prinzen, denn er ist ein forscher und hübscher Tigerkater, der es versteht, sich in Szene zu setzen. Je weniger man über seinen Charakter sagt, desto besser, aber hier geht es nicht um Charles. Die andere Katze, der ältere Bruder mit dem Charakter eines älteren Bruders, hat einen langen offiziellen Namen, den er erhielt, nachdem er kein Kätzchen mehr war und seine Eigenschaften erkennbar wurden. Wir nannten ihn General Pinknose den Dritten. Damit bezeugten wir ihm unsere Hochachtung und erinnerten uns vielleicht daran, dass einen auch die umsorgteste Katze eines Tages verlassen wird. Wir hatten dieses zarte Eiscremerosa schon bei früheren, weniger beeindruckenden Katzen gesehen, allerdings an der Spitze von nicht ganz so edel geformten Nasen. Wie manche Menschen erhält auch er andere Namen, wenn die Zeit etwas Neues ans Licht bringt, und vor kurzem wurde er wegen seiner moralischen Kraft und seiner Fähigkeit, ein stummes Urteil über ein Ereignis abzugeben, eine Zeit lang zum Bischof und hieß Bischof Butchkin. Diese beiden Katzen lagen mit dem Kinn auf den Vorderpfoten an ihren Plätzen und beobachteten Rufus, ohne sich zu äußern. Charles sitzt immer unter einer Heizung, aber Butchkin liebt den Platz auf einem hohen Korb, wo er alles im Auge behalten kann. Er ist eine prachtvolle Katze. Die Nähe hatte meinen Blick getrübt: Ich wusste, dass er hübsch ist, aber ich kam von einer Reise zurück und stand tief beeindruckt vor dieser großen Katze mit dem auffallend glänzend schwarz und makellos weiß gezeichneten Fell, den gelben Augen und weißen Schnurrhaaren, und ich dachte daran, dass diese Schönheit durch Pflege und gutes Futter aus gewöhnlichem Wald-und-Wiesen-Erbgut hervorgegangen war. Ein unkastrierter Kater, der bei jedem Wetter unterwegs sein und um eine Katze kämpfen muss, würde nicht so aussehen, wäre kleiner oder zumindest mager, flink und von Kämpfen gezeichnet. Nein, ich bin über das Kastrieren von Katzen nicht glücklich, ganz im Gegenteil.

Aber diese Geschichte handelt nicht von El Magnifico, das ist der Name, der am besten zu ihm passt.

Wenn Charles glaubte, dass wir nichts merkten, versuchte er, Rufus in eine Ecke zu drängen und ihn einzuschüchtern. Aber Charles hat nie kämpfen müssen, Rufus jedoch sein Leben lang. Rufus war so gebrechlich, dass ihn der Hieb einer entschlossenen Pfote umgeworfen hätte. Doch er setzte sich auf die Hinterbeine und verteidigte sich mit harten, erfahrenen Blicken, mit seiner vorsichtigen Geduld und Standhaftigkeit. Es gab keinen Zweifel, was geschehen würde, falls Charles in Hiebweite kam. Was El Magnifico betraf, so war er über Kämpfe auf dieser Ebene erhaben.

Während all der Wochen, in denen Rufus wieder zu Kräften kam, verließ er das Haus nur, um die Torfkiste auf dem Balkon aufzusuchen. Dort verrichtete er sein Geschäft, hielt dabei den Blick auf uns gerichtet, und wenn es aussah, als könnte ihn die Tür aussperren, miaute er leise und erschrocken und stakste wieder ins Haus. Er fürchtete selbst jetzt noch, er könnte seine Zuflucht verlieren, die er nach langer Heimatlosigkeit, nach solch qualvollem Durst gefunden hatte. Er hatte Angst, eine Pfote nach draußen zu setzen.

Der Winter ging langsam vorüber. Rufus lag auf seinem Ledersack, schnurrte jedes Mal, wenn er daran dachte, beobachtete uns und beobachtete die beiden anderen Katzen, die ihn beobachteten. Dann unternahm er den nächsten Schritt. Inzwischen wussten wir, er tat nichts ohne einen sehr guten Grund; er überlegte sich alles, und dann handelte er. Butchkin, die schwarz-weiße Katze, ist der Boss. Er stammt aus einem Wurf von sechs Kätzchen und wurde in diesem Haus geboren. Er erzog seine Geschwister genauso, wie seine Mutter es tat: Sie war weniger eine schlechte als eine erschöpfte Mutter. Es stand immer außer Frage, wer in diesem Wurf dominierte. Nun entschloss sich Rufus zu dem Versuch, die Nummer eins zu werden. Nicht durch Stärke, denn die fehlte ihm, sondern indem er seine Stellung als kranker Kater ausnutzte, der viel Aufmerksamkeit erhielt. Der General, El Magnifico Butchkin, legte sich jeden Abend eine Weile neben mich auf das Sofa, um sein Recht auf diesen Platz zu unterstreichen, ehe er auf seinen Lieblingskorb sprang. Der Platz neben mir war der beste Platz, weil Butchkin ihn dafür hielt: Charles war zum Beispiel dort nicht zugelassen. Aber nun verließ Rufus bewusst den

Ledersack, so wie er bewusst zur Küchentür gegangen war und sich dort umgedreht hatte, um zu sehen, ob wir ihn ins Haus lassen würden, so wie er in der Wohnzimmertür gestanden hatte, um herauszufinden, ob wir erlaubten, dass er sich der Familie anschloss, so kam Rufus nun langsam zu mir, kletterte zuerst mit den Vorderpfoten, dann mühsam mit den Hinterpfoten hoch und setzte sich neben mich. Er sah Butchkin an. Dann die Menschen. Schließlich warf er einen beiläufigen Blick auf Charles. Ich jagte ihn nicht vom Sofa. Ich konnte es nicht. Butchkin sah ihn nur an und gähnte nachdrücklich (und erhaben). Ich war der Ansicht, er sollte Rufus zwingen, zu seinem Ledersack zurückzugehen. Aber er unternahm nichts, er beobachtete nur. Wartete er darauf, dass ich handelte? Rufus legte sich wegen seiner schmerzenden Gelenke vorsichtig nieder. Und schnurrte. Alle Menschen, die mit Tieren zusammenleben, kennen Augenblicke, wenn sie sich nach einer gemeinsamen Sprache sehnen. Das war ein solcher Augenblick. Was war mit Rufus geschehen, wie hatte er gelernt, zu taktieren und zu planen, wie war er zu einer Katze geworden, die wirklich dachte? Sicher, er war von Natur aus intelligent, aber Butchkin und Charles waren das auch. (Es gibt sehr dumme Katzen.) Gut, er war mit diesen oder jenen Eigenschaften geboren worden. Aber ich habe noch nie eine Katze erlebt, die in der Lage war, so zu überlegen, ihren nächsten Schritt so zu planen, wie Rufus es tat.

Er lag neben mir; nachdem er, noch vor wenigen Wochen ein Ausgestoßener, es auf den besten Platz im Wohnzimmer geschafft hatte, schnurrte er. »Pssst, Rufus, wir können unsere eigenen Gedanken nicht mehr hören.« Aber wir hatten keine gemeinsame Sprache, konnten ihm nicht erklären, dass wir ihn nicht hinauswerfen würden, wenn er aufhörte zu schnurren und Dankeschön zu sagen.

Wenn wir ihn zwangen, seine Medikamente zu schlucken, gab er kleine Protestlaute von sich: Vermutlich sah er darin den Preis, den er für einen Zufluchtsort zahlen musste. Wenn wir ihm die Ohren säuberten und es weh tat, fluchte er, aber nicht über uns: Es war das ganz allgemeine Fluchen von einem, der oft genug Anlass dazu gehabt hatte. Dann leckte er uns die Hände, um zu zeigen, dass er nicht uns meinte, und begann wieder zu schnurren. Wir streichelten ihn, und er ließ sein raues, anerkennendes Brummen ertönen.

Butchkin der Prächtige sah zu und machte sich seine Gedanken. Sein Charakter hatte viel mit Rufus' Schicksal zu tun. Er ist zu stolz, um mit jemandem zu konkurrieren. Wenn er sich ganz oben im Haus vertraulich mit mir unterhält, und

Charles kommt ins Zimmer, springt er einfach vom Bett oder vom Sessel und geht nach unten. Er toleriert nicht nur keine Konkurrenz, die er seiner für unwürdig erachtet, er duldet auch keine Gedanken, die nicht um ihn kreisen. Wenn ich ihn halte und streichle, müssen sich meine Gedanken auf ihn richten. Butchkin streicheln, während ich lese, das gibt es nicht. Sobald meine Gedanken abschweifen, weiß er es, springt herunter und verschwindet. Aber er ist nicht nachtragend. Wenn Charles sich schlecht benimmt und ihn plagt, versetzt er ihm vielleicht einen Hieb, aber dann, noblesse oblige, schenkt er ihm ein verzeihendes Lecken.

Eine solche Persönlichkeit erniedrigt sich nicht, indem sie mit irgendeiner Katze um den ersten Platz kämpft.

Eines Tages stand ich mitten im Zimmer und sprach mit Butchkin, der zusammengerollt auf seinem Korb lag, als Rufus vom Sofa sprang, sich vor meine Beine stellte und Butchkin ansah, als wollte er sagen: Mich hat sie lieber. Das geschah langsam und mit Absicht; er war nicht emotional oder unbesonnen oder impulsiv, alles Eigenschaften, die Charles im Übermaß besaß. Rufus hatte alles geplant, er war ruhig und bedächtig. Er hatte sich zu einem letzten Versuch entschlossen, die Nummer eins zu werden, mein Liebling, und Butchkin auf den zweiten Platz zu verweisen. Aber das duldete ich nicht. Ich deutete auf das Sofa, und er blickte in einer Weise zu mir auf, die, wäre er ein Mensch gewesen, bedeutet hätte: Es war immerhin einen Versuch wert. Er ging zurück zum Sofa.

Butchkin hatte meine Entschlossenheit zu seinen Gunsten bemerkt. Er kommentierte sie nur damit, dass er seinen Platz verließ, sich um meine Beine wand und wieder hinaufsprang.

Rufus hatte den Versuch gemacht, die Nummer eins zu werden, und war gescheitert.

Er hatte seit Monaten keine Pfote mehr vor das Haus gesetzt, aber jetzt sah ich, wie er schwerfällig einen Sprung auf das Dach versuchte. Von dort blickte er zurück, immer noch in der Angst, ich würde ihn vielleicht nicht mehr hereinlassen, betrachtete dann den Fliederbaum und überlegte, wie er hinunterkam. Es war Frühling geworden. Der Baum stand im frischen Grün, und die noch geschlossenen Blüten hingen als grünlich weiße Wedel herab. Rufus entschied sich gegen den Baum und sprang mühsam zurück auf den Balkon. Ich nahm ihn hoch, trug ihn ins Erdgeschoss und zeigte ihm das Katzentürchen. Er war entsetzt und hielt es für eine Falle. Ich schob ihn sanft hindurch, während er schimpfte und sich wehrte. Ich ging nach ihm hinaus, hob ihn hoch und schob ihn zurück. Er sprang sofort die Stufen hinauf, weil er dachte, ich wollte ihn für immer aus dem Haus jagen. Der Vorgang wiederholte sich an den folgenden Tagen, und Rufus mochte das gar nicht. Ich streichelte und lobte ihn, damit er wusste, dass ich nicht versuchte, ihn loszuwerden.

Er dachte darüber nach. Ich beobachtete, wie er seinen Platz auf dem Sofa verließ und langsam die Treppe hinunter zum Katzentürchen ging. Unentschlossen stand er davor und untersuchte es mit zuckendem Schwanz. Er fürchtete sich: Die Angst trieb ihn zurück. Er zwang sich, stehen zu bleiben, wieder hinauszugehen … mehrere Male. Schließlich kam er bis an die Klappe und wollte sich zwingen hindurchzuschlüpfen, aber sein Instinkt meldete sich und trieb ihn davon. Das wiederholte sich wieder und wieder. Und dann tat er es. Wie ein Mensch, der in die ungewisse Tiefe springt, schob er zuerst den Kopf hindurch, dann den Körper und stand im Garten, der erfüllt war von den Düften und Geräuschen des Frühlings: Vögel jubilierten, weil sie einen Winter überstanden hatten, und Kinder nahmen ihre Spielplätze wieder in Besitz. Der alte Vagabund hob die Pfote und schnupperte die Luft, die ihn mit neuem Leben zu erfüllen schien, und

bewegte den Kopf hin und her, um die Duftbot-
schaften aufzufangen (jemand im Haus nennt sie
Duftogramme), die ihm frühere Freunde – Menschen und Katzen – ins Gedächtnis zurückriefen,
die ihm Erinnerungen brachten. Man konnte ihn
sich als jungen Kater, hübsch und voller Lebens-
kraft, vorstellen. Und so ging er in seiner bedäch-
tigen Art und mit leichtem Hinken zum Ende
des Gartens. Unter den alten Obstbäumen blickte er nach rechts und nach links. Erinnerungen
zogen ihn nach beiden Seiten. Er entschied sich
für rechts und kroch unter dem Zaun hindurch,
zum Haus der alten Frau – so vermuteten wir.
Dort blieb er ungefähr eine Stunde, und dann
sah ich, wie er zurückkam, sich unter unserem
Gartenzaun hindurchzwängte. Er kam den Gartenweg entlang, stand neben der Klappe an der
Hintertür und blickte zu mir hoch: Bitte mach auf,
das war genug für einen Tag. Ich gab nach und
öffnete ihm die Tür. Am nächsten Tag schlüpf-
te er durch die Klappe nach draußen und kam
durch die Klappe zurück, und danach bestand
keine Notwendigkeit mehr für eine Katzenkiste,
nicht einmal dann, wenn es regnete oder schneite
oder der Garten voller Lärm und Wind war. Das
heißt, es bestand keine Notwendigkeit mehr, solange er nicht krank und zu schwach war.

Meist machte er seine Besuche rechts, manchmal verschwand er aber auch nach links. Das war ein längerer Ausflug; ich beobachtete ihn durch das Fernglas, bis ich ihn im Gebüsch aus den Augen verlor. Nach seiner Rückkehr kam er jedes Mal sofort zu mir, um sich streicheln zu lassen, und setzte seine Schnurrmaschine in Gang ... damals wurde mir bewusst, dass sein Schnurren nicht mehr das überlaute, nachdrückliche und lang anhaltende Geräusch der ersten Zeit war. Jetzt schnurrte er angemessen und maßvoll, wie es sich für eine Katze gehörte, die sichergehen wollte, dass wir wussten, sie schätzte uns und ihren Platz bei uns, selbst wenn sie nicht die dominierende Katze war und wir ihr nie den ersten Platz einräumen würden. Lange Zeit hatte Rufus gefürchtet, wir würden uns als unzuverlässig erweisen und ihn wegjagen oder aussperren, aber nun fühlte er sich sicherer. Während dieser Zeit machte er jedoch niemals seine Besuche, ohne hinterher sofort zu einem von uns zu kommen und zu schnurren; er setzte sich neben unsere Beine oder drückte die Stirn an uns, was bedeutete, wir sollten ihn an den Ohren kraulen, besonders an dem wunden, das nicht heilen wollte.

Der Frühling und der Sommer waren eine gute Zeit für Rufus. Er war so weit gesund. Er fühlte sich geborgen, obwohl ich einmal unvorsichtigerweise nach einem alten Besenstiel griff, der hinten auf dem Balkon lag, und erlebte, wie er in wilder Panik auf das Dach hinuntersprang, sich überschlug, am Fliederstamm hinunterkletterte und zum Ende des Gartens raste. In der Vergangenheit hatte jemand mit Stöcken nach ihm geworfen, hatte ihn geschlagen. Ich lief hinunter in den Garten und fand ihn unter einem Busch, wo er sich vor Schreck versteckt hatte. Ich nahm ihn hoch, trug ihn zurück, zeigte ihm den harmlosen Besenstiel, entschuldigte mich und streichelte ihn. Er begriff, dass alles ein Missverständnis gewesen war.

Rufus brachte mich dazu, über die verschiedenen Arten von Katzenintelligenz nachzudenken. Ich hatte schon gelernt, dass Katzen unterschiedliche Temperamente haben. Rufus besitzt die Intelligenz des Überlebenskünstlers. Charles hat eine wissenschaftliche Intelligenz, ihn macht alles neugierig: was Menschen tun, Leute, die ins Haus kommen, und besonders unsere technischen Gegenstände. Tonbandgeräte, der sich drehende Plattenteller, der Fernsehapparat, das Radio faszinieren ihn. Man kann sehen, wie er überlegt, weshalb aus einem Kasten eine körperlose Stimme dringt. Als kleines Kätzchen und bevor er aufgab, hielt er öfter mit der Pfote eine Schallplatte an ... ließ sie los ... hielt sie wieder an ... blickte zu uns und miaute fragend. Er ging zur Rückseite des Radiogeräts, um herauszufinden, ob er sehen konnte, was er hörte; er ging hinter den Fernsehapparat, drehte das Bandgerät mit der Pfote um, schnupperte daran, miau: Was ist das? Er ist eine gesprächige Katze. Er redet, während man die Treppe hinunter und aus dem Haus geht, er redet mit einem, wenn man hereinkommt und hinaufgeht, er hat für alles, was geschieht, einen Kommentar parat. Wenn er aus dem Garten kommt, hört man ihn bis hinauf ins oberste Stockwerk. »Hier bin ich endlich!«, ruft er, »ich, der wunderbare Charles. Wie müsst ihr mich vermisst haben! Stellt euch nur vor, was mir passiert ist, ihr werdet es nicht glauben ...« Er kommt in das Zimmer, in dem man sitzt, bleibt mit leicht zur Seite geneigtem Kopf in der Türöffnung stehen und wartet darauf, bewundert zu werden. »Bin ich nicht die schönste Katze im Haus?«, fragt er und bebt vor Erregung am ganzen Körper. Charmant – das ist das richtige Wort für Charles.

Der General besitzt eine intuitive Intelligenz, er weiß, was man denkt und was man als Nächstes tun wird. Technische Dinge und wie sie funktionieren, interessieren ihn nicht; er macht sich nicht die Mühe, einen mit seinem Aussehen zu beeindrucken. Er redet, wenn er etwas zu sagen hat, und nur dann, wenn er mit einem allein ist.

»Ah«, sagt er, wenn er feststellt, dass die anderen Katzen nicht da sind, »endlich sind wir allein.« Und er gestattet ein Duett gegenseitiger Bewunderung. Wenn ich von irgendwoher zurückkomme, rennt er vom Ende des Gartens herbei und ruft: »Da bist du ja. Ich habe dich vermisst! Wie konntest du weggehen und mich so lange allein lassen?« Er springt in meine Arme, leckt mir das Gesicht, kann sich vor Freude nicht halten und rast wie ein junges Kätzchen durchs ganze Haus. Danach wird er wieder ernst und würdevoll.

Als es Herbst wurde, hatte Rufus sich einige Monate lang wie eine starke, gesunde Katze verhalten; er hatte Freunde besucht und war manchmal ein oder zwei Tage weggeblieben. Aber nun ging er nicht mehr aus dem Haus. Er war eine kranke Katze und lag an einem warmen Platz, er war eine bedauernswerte Katze mit offenen Stellen an den Pfoten, schüttelte wegen des Geschwürs im Ohr den Kopf und trank und trank … Zurück zum Tierarzt. Diagnose: nicht gut, sogar sehr schlecht, solche offenen Stellen sind ein schlechtes Zeichen. Mehr Antibiotika, mehr Vitamine. Rufus sollte nicht hinaus in die Kälte und Nässe. Monatelang unternahm Rufus keinen Versuch, das Haus zu verlassen. Er lag an der Heizung, und das Fell fiel ihm in großen und dicken rostfarbenen Büscheln aus. Wo er lag, und sei es auch nur für wenige Minuten, blieb ein Nest aus roten Haaren, und man konnte durch das dünne Fell die Haut sehen. Allmählich erholte er sich.

Das Unglück wollte es, dass eine andere Katze, die uns nicht gehörte, gleichzeitig Pflege brauchte. Sie war überfahren worden, hatte eine schwere Operation hinter sich und wurde bei uns gesund gepflegt, bevor sie in ihr neues Zuhause kam. Es gab zwei Katzen im Haus, um die viel Aufhebens gemacht wurde, und unseren eigenen Katzen gefiel das nicht, sie kehrten dem ärgerlichen Anblick den Rücken zu und verzogen sich in den Garten. Dann schien auch Butchkin krank zu sein. Wenn ich in den Garten oder ins Wohnzimmer kam, reckte er den Hals vor und hustete auf eine vornehme und schwermütige Weise: das Bild edel ertragenen Leids. Ich brachte ihn zum Tierarzt, doch es fehlte ihm nichts. Ein Rätsel. Er hustete auch weiterhin. Im Garten konnte ich keine Hacke in die Hand nehmen, kein Unkraut rupfen, ohne das hohle, heisere Husten zu hören. Wirklich sehr merkwürdig. Als ich eines Tages den armen Butchkin gestreichelt und mich nach seinem Befinden erkundigt hatte, ging ich zurück ins Haus, und mir kam ein unangenehmer Verdacht. Ich lief nach oben und beobachtete ihn durch das Fernglas. Keine Spur von Husten; er lag lang ausgestreckt auf der Erde und genoss die erste Frühlingssonne. Ich ging hinunter in den Garten, und als er mich erblickte, kauerte er sich zusammen, reckte den Hals, hustete und litt. Ich ging mit dem Glas zurück auf den Balkon: Da lag er, gähnte gelangweilt, und sein schönes schwarz-weißes Fell glänzte in der Sonne. Glücklicher-weise erholte sich die zweite Katze, übersiedel-te in ihr neues Heim, und wir waren wieder eine Familie mit drei Katzen. Butchkins Husten ver-schwand mysteriöserweise, und er erhielt einen neuen Namen: Einige Zeit war er Sir Laurence Olivier Butchkin.

Nun genossen alle drei Katzen den Garten auf ihre eigene Weise, gingen aber getrennte Wege: Wenn sich ihre Pfade kreuzten, ignorierten sie sich höflich.

An einem sonnigen Morgen sah ich auf dem hellgrünen Rasen des Nachbarhauses zwei rote Katzen. Die eine war Rufus. Sein Fell war nach-gewachsen, wenn auch schütterer als zuvor. Er hockte entschlossen auf den Hinterbeinen einem sehr jungen Kater gegenüber, der ihn herausfor-derte. Sein Fell war hellorange wie eine Apriko-se im Sonnenlicht; er war eine plüschige, fedrige Katze und teilte zuerst mit der einen, dann mit der anderen Pfote zierliche Hiebe aus. Dabei be-rührte er Rufus nicht, sondern – oder so wirk-te es – zielte auf eine imaginäre Katze direkt vor

Rufus. Der hübsche junge Kater schien im Sitzen zu tanzen, er schwankte und wiegte sich, schlug und boxte in die Luft; der leuchtende Glanz seines Fells ließ Rufus schäbig erscheinen. Sie ähnelten sich: Ich war sicher, es war ein Sohn von Rufus, und ich sah in ihm den einstigen Rufus, bevor ihm die Lieblosigkeit der Menschen zum Verderben geworden war. Die Szene dauerte Minuten, eine halbe Stunde. Wie es bei Katern oft vorkommt, schienen die beiden ein rein formelles Turnier oder Duell zu veranstalten, ohne die Absicht, sich gegenseitig zu verletzen. Der junge miaute ein- oder zweimal, aber Rufus blieb stumm und unerschütterlich sitzen. Der junge Kater führte mit seinen flauschigen roten Vorderpfoten weiter Scheinangriffe aus, hörte aber dann auf und leckte sich eifrig die Seiten, als verlöre er das Interesse an der Sache. Die unerschütterliche Präsenz von Rufus erinnerte ihn an seine Pflicht zu kämpfen. Er richtete sich wieder auf, war ganz Eleganz und Pose wie eine heraldische Katze, eine Katze auf einem Wappenschild, und dann begann er seinen Schautanz von Neuem. Rufus blieb still sitzen: Er kämpfte nicht, weigerte sich aber auch nicht zu kämpfen. Dem jungen Kater wurde es langweilig, und er bummelte durch den Garten: Er sprang nach Schatten, rollte sich im Gras, rekelte sich und jagte Insekten. Rufus wartete, bis er verschwunden war, und machte sich dann in seiner ruhigen Art auf den Weg – in diesem Frühjahr nicht nach rechts zu der alten Dame, sondern nach links, wo er stundenlang oder sogar über Nacht blieb. Denn es ging ihm wieder gut, und es war Frühling, die Paarungszeit. Er kam durstig und hungrig nach Hause, und das hieß, er freundete sich nicht mit Menschen an. Später im Frühling blieb er länger aus, vielleicht zwei oder drei Tage. Ich war ziemlich sicher, er hatte eine Freundin.

Einmal hatte ich eine Katze namens Die Graue, eine launische und griesgrämige, wenn auch hübsche Katze, die immer zu anderen Katzen unfreundlich war. Vor ihrer Sterilisation war sie lieblos gegen Kater gewesen, und sie blieb selbst Katzen gegenüber feindselig, die lange Zeit im selben Haus lebten. Sie hatte keine Katzenfreunde, nur Menschenfreunde. Als sie sich zum ersten Mal mit einer Katze anfreundete, war sie alt – etwa dreizehn Jahre. Damals lebte ich in einer kleinen Wohnung im obersten Stock eines Hauses, das kein Katzentürchen hatte; es gab nur die Treppe zur Haustür. Von dort ging sie zum Garten hinter dem Haus. Sie konnte die Tür aufdrücken, um hereinzukommen, musste jedoch hinausgelassen werden. Sie begann, die Besuche eines alten grauen Katers zu dulden, der dicht hinter ihr die Treppe heraufkam, an der Wohnungstür darauf wartete, dass unsere Katze ihm erlaubte weiterzugehen, dann die Stufen hinaufstieg und oben darauf wartete, dass er aufgefordert wurde, in mein Zimmer zu kommen: Er wartete auf die Einladung der grauen Katze, nicht auf meine. Die Graue mochte ihn. Zum ersten Mal mochte sie eine Katze, die nicht ihr Junges gewesen war. Der Kater kam ruhig in mein Zimmer – in seinen Augen ihr Zimmer – und ging zu ihr. Anfangs saß sie ihm mit einem großen alten Sessel als Schutz im Rücken gegenüber: Sie traute niemandem, sie nicht! In einiger Entfernung blieb der Kater stehen und miaute leise. Wenn sie mit einem knappen, zögernden Miau darauf antwortete – denn sie war wie eine alte Frau geworden, die, ohne es zu wissen, mürrisch und übellaunig ist –, kauerte er sich etwa dreißig Zentimeter entfernt vor ihr zusammen und sah sie unverwandt an. Auch die Graue kauerte sich zusammen. So blieben sie vielleicht eine oder zwei Stunden sitzen. Später wurde die graue Katze weniger streng, und sie saßen nebeneinander, allerdings ohne sich zu berühren. Sie unterhielten sich nicht, abgesehen von den kleinen leisen Begrüßungslauten. Sie mochten sich, sie wollten beisammensitzen. Wer war der Kater? Wo lebte er? Ich fand es nie heraus. Er war alt, ein Kater, der kein leichtes

Leben gehabt hatte, denn wenn man ihn hochnahm, war er wie ein Schatten, und sein Fell war stumpf. Aber er war nicht kastriert, er war ein vornehmer alter Kater, grau mit weißen Schnurrhaaren, höflich und wie ein feiner Herr. Er erwartete keine Sonderbehandlung, erwartete überhaupt nicht viel vom Leben. Er fraß ein wenig von ihrem Futter, trank etwas Milch, wenn sie ihm angeboten wurde, wirkte aber nicht hungrig. Wenn ich nach Hause kam, wartete er oft an der Haustür, miaute ganz zart und blickte zu mir auf. Dann kam er hinter mir ins Haus, folgte mir die Treppe herauf zur Wohnungstür, miaute noch einmal und kam dann die letzten Stufen hinauf in die Wohnung. Dort ging er geradewegs zu der Grauen, die bei seinem Anblick ihr verdrießliches kleines Miau hervorstieß, dann jedoch zuließ, dass er sie mit einem Schnurren begrüßte. Er verbrachte lange Abende mit ihr. Sie war verändert, weniger empfindlich und weniger schnell beleidigt. Ich beobachtete die beiden oft, wenn sie beisammensaßen wie zwei alte Menschen, die sich nicht unterhalten müssen. In meinem ganzen Leben habe ich nie sehnlicher gewünscht, mit einem Tier eine gemeinsame Sprache zu haben. »Weshalb dieser Kater?«, wollte ich sie fragen. »Weshalb diese Katze und keine andere? Was hat dieser alte höfliche Kater an sich, dass du ihn magst?

Denn ich nehme an, du magst ihn, das wirst du doch zugeben? All diese netten Katzen im Haus, dein ganzes Leben lang, und du hast nie eine von ihnen gemocht. Und jetzt ...«

Eines Abends kam er nicht. Am nächsten auch nicht. Die Graue wartete auf ihn. Sie behielt den ganzen Abend die Tür im Auge. Dann wartete sie unten an der Haustür. Sie suchte im Garten. Aber er kam nicht, er kam nie mehr. Und sie freundete sich nie wieder mit einer Katze an. Eine andere Katze, ein Kater, der die Katze unten im Haus besuchte, flüchtete sich ein paar Wochen vor seinem Ende zu uns, als er sehr krank wurde, und er lebte bis zu seinem Tod in meinem Zimmer – ihrem Zimmer. Aber sie nahm ihn nicht zur Kenntnis. Sie verhielt sich, als wären nur ich und sie da.

Ich glaubte, dass Rufus eine solche Freundin hatte und dass er sie besuchte.

Eines Abends im Spätsommer blieb er bei mir auf dem Sofa, und am nächsten Morgen lag er in genau derselben Position noch dort. Als er endlich heruntersprang, hatte er beim Gehen ein schlaff herabhängendes Hinterbein. Der Tierarzt sagte, er sei überfahren worden: Man konnte das an den Krallen erkennen, denn Katzen strecken instinktiv haltsuchend die Krallen aus, wenn das Rad sie erfasst. Seine Krallen waren abgebrochen und gesplittert. Er hatte einen schlimmen Bruch am Hinterbein.

Der Gipsverband reichte vom Fußknöchel bis zum Schenkelansatz, und Rufus wurde mit Futter, Wasser und einer Katzenkiste in ein ruhiges Zimmer gebracht. Dort blieb er zufrieden über Nacht, wollte dann aber hinaus. Wir öffneten die Tür und sahen zu, wie er unbeholfen Absatz um Absatz die Treppe ins Erdgeschoss hinunterstieg. Er fluchte und schimpfte, als er das unbewegliche, nach hinten ragende Bein durch das Katzentürchen manövrierte und über den Gartenweg hinkte und hüpfte. Er schimpfte noch mehr, als er auf dem Weg zu seiner Freundin sich und das Bein unter dem Zaun hindurchschob. Er blieb ungefähr eine halbe Stunde: Er musste jemandem, einer Katze oder einem Menschen, von seinem Unfall berichten. Bei der Rückkehr ließ er sich gerne wieder in sein Refugium bringen. Er wankte, stand unter Schock, und seine Augen verrieten, dass er Schmerzen hatte. Sein Fell, das während des Sommers und durch gutes Futter dicht geworden war, sah struppig aus, und er war wieder die arme alte Katze, die sich nur mit Mühe putzen konnte. Armer alter Kater. Armer Unglücksrabe! Er erhielt wie Butchkin neue Namen, allerdings waren sie traurig. Aber er ließ sich nicht unterkriegen. Er machte sich mit Erfolg daran, den Gipsverband zu entfernen, und wurde wieder zum Tierarzt gebracht. Dort bekam er einen neuen Gipsverband, den er nicht abreißen konnte, obwohl er es versuchte. Und er unternahm jeden Tag den Ausflug die Treppe hinunter zum Katzentürchen. Dort zögerte er, zwängte sich dann schimpfend hindurch, denn er stieß sich dabei immer das Bein an, das er nachzog, und wir sahen, wie er durch das herbstliche Laub und die Pfützen den Gartenweg entlanghinkte. Er musste sich beinahe flach auf die Erde legen, um unter dem Zaun hindurchzukommen. Jeden Tag erstattete er seine Meldung, kam erschöpft zurück und schlief. Wenn er wach war, bemühte er sich, den Verband zu lösen. Dort, wo Rufus saß, war alles weiß von Gipskrümeln.

Nach einem Monat wurde der Verband abgenommen. Das Bein war steif, aber benutzbar, und Rufus wurde wieder der Alte: ein galanter Kater auf Abenteuern, der uns als Stützpunkt benutzte. Dann wurde er wieder krank. Dieser Kreislauf wiederholte sich ein paar Jahre. Er wurde gesund, war unterwegs, wurde krank und kam nach Hause. Aber seine Krankheiten wurden schlimmer. Das Geschwür im Ohr heilte nicht. Er kam von irgendwoher zurück und bat um Hilfe. Er fuhr mit der Pfote vorsichtig an das eiternde Ohr, würgte vorsichtig beim Geruch der Pfote und blickte seine Pfleger hilflos an. Er stieß kleine, brummende Protestlaute aus, während wir das Ohr auswuschen, obwohl er das wollte; er nahm seine Medikamente, lag herum und ließ zu, dass es ihm unter unserer Obhut wieder besser ging: ein zäher, muskulöser Körper, trotz seiner Leiden war er ein starker alter Kater. Erst am Ende seines Lebens, seines viel zu kurzen Lebens, als er sehr krank war und kaum noch laufen konnte, blieb er zu Hause und versuchte nicht mehr hinauszugehen. Er lag auf dem Sofa, und wenn er nicht schlief, schien er zu denken oder zu träumen. Einmal streichelte ich ihn wach, um ihm seine Medizin zu geben, und er erwachte mit diesem zutraulichen, liebevollen Gurren, mit dem Katzen die Menschen und Katzen begrüßen, die sie lieben. Als er sah, dass ich es war, wurde er der normale, höfliche und dankbare Rufus, und ich begriff, dass ich nur dieses eine Mal diesen besonderen Laut von ihm gehört hatte – und das in einem Haus, in dem Rufus den ganzen Tag zu hören war. So begrüßen Katzenmütter ihre Jungen, und die Jungen ihre Mütter. Hatte er von seiner Zeit als Kätzchen geträumt? Oder vielleicht von dem Menschen, dem er als kleine oder als junge Katze gehört hatte, der aber wegging und ihn alleinließ? Dieses sanfte Gurren schmerzte mich und versetzte mir einen Stich, denn Rufus hatte es selbst dann nicht hervorgebracht, wenn er wie eine Maschine schnurrte, um seine Dankbarkeit zu zeigen. In all der Zeit, die er uns kannte, beinahe vier Jahre lang, während wir ihn mehrmals gesund oder beinahe gesund pflegten, hatte er nie wirklich glauben können, dass er dieses Zuhause nicht verlieren würde, und er befürchtete, dass er sich dann wieder allein durchschlagen müsste; er hatte nicht glauben können, dass er nicht wieder eine Katze werden würde, die der Durst beinahe verrückt werden ließ und die unter der Kälte litt. Sein Vertrauen in einen Menschen, in seine Liebe war so schrecklich enttäuscht worden, dass er sich nie mehr erlauben konnte, noch einmal zu lieben.

Die Bekanntschaft mit Katzen, ein Leben mit Katzen hinterlässt ein Leid, das sich sehr von dem Leid unterscheidet, welches man wegen eines Menschen empfindet – eine Mischung aus Schmerz über ihre Hilflosigkeit und über unser aller Schuld.

EL MAGNIFICO
AM ENDE SEINER TAGE

Eine Woche bevor man unserem Kater sein Vorderbein, oder besser, seinen ganzen Schenkel abnahm, stürmte er sieben Treppen hinunter, dann mit lautem Krach durch die Katzentür und über den Gartenpfad bis zum Zaun am Ende, um den riesigen grauen Kater zu verjagen, der unsern Garten vom Wasserreservoir gegenüber besucht. Sein schrilles Unmutsgeheul war so kräftig, dass ich, nachdem er ruhig und siegesbewusst zu meinem Bett im obersten Geschoss des Hauses zurückgekehrt war, sich setzte und sein Herrschaftsgebiet überblickte, das nun von allen Katzen außer ihm frei war und dann über den Zaun hinsah zum weiten grünen Feld, unter dem das Wasserreservoir lag – die Viktorianer verlegten ihr Wasser unter die Erde –, dass ich zu ihm sagte, wie immer von seiner Stimmgewalt beeindruckt: Aber Butchkin, guter Gott! Dieses Geheul ist ja nicht auszuhalten!

Butchkin? Nicht Seine Magnifizenz? Es war so. Eines Frühlings vor siebzehn Jahren brachte eine Katze namens Susie in dem Dachwinkel neben meinem Zimmer ihre Jungen zur Welt. Sie war eine freundliche, wohlerzogene Katze, musste also ein gutes Zuhause gehabt, es aber verloren haben, und als Streunerin, manchmal von den Damen des Lunch Centers gefüttert, manchmal nicht, hatte sie mindestens zwei Würfe Junge auf die Welt gebracht, wo immer sie ein Plätzchen finden konnte – einmal unter einem Lastwagen –, und diese Jungen hatten nicht überlebt. Sie war keine alte Katze, doch sie war müde und verängstigt. Katzenmütter, die viele Würfe hinter sich haben und nicht von freundlichen Besitzern durch eine Operation davor bewahrt worden sind, reagieren auf ihren riesigen Bauch, der sich unter der lebhaften Last in seinem Inneren krümmt und bläht, vielleicht mit deutlichem Überdruss. »O nein, muss ich das alles noch einmal durchmachen?« Diese Katze bekam Futter, Sicherheit, ein Platz im Dach, dem sich keine andere Katze nähern konnte, doch sie war eine widerwillige, wenngleich pflichtbewusste Mutter.

Wenn Kätzchen zum ersten Mal ihre kleinen verschleierten bläulichen Augen aufschlagen und die über ihnen aufragenden Menschen erblicken, fauchen sie vielleicht herausfordernd, bevor sie umgängliche Katzen werden, aber unter Susies Jungen war ein schwarz-weißer Winzling, der seine Augen aufschlug, mich erblickte, unsicher von der alten Decke auf dem Boden kroch … dann bis an mein Bein … am Bein hinauf … am Arm … auf die Schulter … sich mit seinen winzigen Krallen festklammernd, bis er unter mein Kinn gelangte und sich dort schnurrend zusammenkuschelte. Das war Liebe und fürs ganze Leben. Er war das größte Kätzchen, der Boss, und übernahm von Anfang an das Kommando über alle, leckte sie sogar und rief sie zur Ordnung, während seine große Mutter ausgestreckt dalag und zusah. Er war zu diesen Kätzchen wie ein Vater oder auch wie eine Mutter. Susie schien ihm weder mehr Aufmerksamkeit zu schenken als den anderen noch seine Herrschsucht zu missbilligen.

Die Geburt dieser Kätzchen umgibt etwas Rätselhaftes. Es waren sieben. Eines davon, ein weißes – und es tut weh, sich vorzustellen, welch eine schöne Katze es geworden wäre, verstieß die Mutter aus dem Nest, und es wurde zwei Tage später tot aufgefunden. Möglicherweise war es tot geboren worden, doch das ist unwahrscheinlich, weil alle anderen so lebhaft waren. Und auch ein zweites, ein getigertes, verstieß sie. Ich ließ es einen halben Tag lang liegen, ohne Wärme und ohne Futter, denn ich dachte, ich müsse aufhören, sentimental zu sein und mich über die Auslese der Natur zu grämen: wenn sie es verstoßen hatte, wie konnte ich – usw., aber ich ertrug es nicht, sein schwaches Maunzen zu hören, und ich legte es zu den anderen zurück, und die sechs Kätzchen gediehen. Susie freilich hatte diesem Kätzchen gegenüber eine zwiespältige Haltung. Sieben, hatte sie offensichtlich gedacht, waren zu viel, auch sechs noch. Sie war nicht darauf vorbereitet gewesen, mehr als fünf Kätzchen zu bemuttern, und wenn man die sechs in meinem Zimmer herumtollen sah, konnte man ihr sicher recht geben.

Ich will damit sagen, diese Katze konnte zählen, und wenn sie nicht eins, zwei, drei, vier, fünf dachte, dann kannte sie den Unterschied zwischen fünf und sieben. Die meisten Wissenschaftler würden sich darüber streiten, davon bin ich überzeugt. Das heißt, als Wissenschaftler würden sie streiten, aber als Katzenbesitzer wahrscheinlich nicht. Es ist interessant, einen befreundeten Wissenschaftler zu beobachten, wenn er über Fähigkeiten von Katzen spricht, die er als Wissenschaftler bestreiten würde. Seine Katze sitze immer am Fenster und warte, dass er nach Hause komme, sagt er, wenn er aber wissenschaftlich wird, sagt er, Tiere hätten kein Zeitgefühl und lebten in einem ewigen Jetzt. Er geht vielleicht noch weiter und sagt, die Katze sei nicht da, wenn man ihn nicht erwarte, doch das führt ihn in Regionen, die er unerträglich findet. Tatsache ist, dass jeder aufmerksame, sorgsame Katzenbesitzer mehr über Katzen weiß als die Leute, die sie beruflich studieren. Ernsthafte Informationen über das Verhalten von Katzen und anderen Tieren findet man oft in Zeitschriften, die »Cat News« oder »Pussy Pals« heißen, und kein Wissenschaftler würde im Traum daran denken, sie zu lesen. Man findet dort Geschichten wie diese: eine Katze auf einem Bauernhof, der ihre Jungen bis auf eines nach der Geburt jedes Mal weggenommen wurden, überraschte ihre Besitzer, als sie nach vielen Würfen nur noch ein Junges zur Welt brachte. Die Leute hielten das für taktvoll, aber die Katze hatte ihre Jungen nacheinander ins Dachgeschoss getragen, nährte sie dort insgeheim weiter, während sie scheinbar ihre Zeit mit dem einen erlaubten Jungen verbrachte. Der Bauer und seine Frau, die das Rumoren im Dachgeschoss hörten, entdeckten das schlaue Täuschungsmanöver ihrer Katze – und es wäre schön, wenn man sich vorstellen könnte, dass sie für die Kätzchen ein hübsches Heim suchten und ihre arme Katze kastrieren ließen.

Susie schien erfreut, in ihrem herrschsüchtigen Katerchen einen bereitwilligen Helfer gefunden zu haben, doch auch hier war ihr Verhalten zwiespältig. Der schwache Punkt dieses Katers war, dass er oft hustete oder irgendetwas seine Kehle zu reizen schien. Seine Mutter ging zu ihm, setzte sich und nahm seinen Hals zwischen ihre großen Kiefer. Wenn sie ihren Rachen schloss, würde sie das Kätzchen umbringen, aber nein, sie hielt ihr Junges eine Minute lang, eine weitere Minute, und ich fragte mich, ob es einen Nerv oder Druckpunkt gab und ob sie wusste, wie man das Würgen und Husten stoppen konnte. Der Husten hörte auf, wenn auch nicht auf der Stelle. Später, als das Kätzchen ausgewachsen war und hustete, machte ich das, was Susie gemacht hatte und umklammerte seinen Hals mit den Fingern, wie sie es mit ihrem Kiefer getan hatte. Nach einer Weile hörte das Husten auf.

Dieses Katerchen war größer als die anderen, und wir nannten es im Scherz Butch, denn es war lächerlich, weil dieses winzige Geschöpf, dieses Knäuel von einem Kätzchen, der freundliche Tyrann der Kätzchenschar wurde. Wir hatten vor, den Namen aufzugeben, diesen langweiligen, einfallslosen Namen, auf den die Hälfte der Kater im Land und auch Hunde hörten, Butch, Big Butch, aber der Name blieb ihm, wenn auch in erster Linie, weil er noch ein Kätzchen war, abgeschwächt zu Butchkin und dann Puschkin oder Pusskin, Pusscat, Puschka – alle Varianten der pss-psch-puss-Laute, die aus irgendeinem Grund zum wirklichen Wesen einer Katze zu passen scheinen. Man würde eine Katze niemals Rover, Streuner, nennen, obwohl sie vielleicht weiter umherstreift als ein Hund. Die Ehrennamen, die er sich verdiente, unter denen El Magnifico nur einer war, sind besonderen Anlässen Vorbehalten, so wenn er vorgestellt wird. »Wie heißt er?« – »General Rotnase der Dritte« – denn er ist nicht die erste Katze, deren winzige rosige Nase in einem bestimmten Licht, in einer Pose ganz liebenswert dem eindrucksvollen Aussehen des Tieres zu widersprechen schien. Was für eine schöne Katze, sagt der Besucher, irritiert von der Vorstellung, dass wir den vollen Namen in den Garten rufen oder auch nur: »General! Wo steckst du?« Es gibt ein paar Namen, die nichts mit dieser bestimmten Katze zu tun haben, sondern damit, was die Besitzerin mit Katzen erlebt hat. Aber El Magnifico passt am besten zu ihm, weil er wirklich ein Grande ist, eine grandiose Katze.

Er war ein geschmeidiger und hübscher, schwarz-weißer junger Kater, und er und sein Bruder, ein Tiger, waren ein hübsches Paar, doch El Magnifico musste zu seiner vollen Pracht heranwachsen, aufregend schwarz und weiß, damit man sich ehrfürchtig sagte, dass dieses Wesen, diese Magnifizenz, sich aus einer Feld-Wald-Wiesen-Katze entwickelt hatte, aus der gewöhnlichen Londoner Hauskatze, Ergebnis vielhundertjähriger zufälliger Paarungen – oder die sich um einen Stammbaum nicht scheren – zwischen Durchschnittsmiezen und Etagentigern, zwischen schwarzen Katzen und schwarz-weißen Katzen und getigerten und rötlich-braunen und Schildpattkatzen, und das Ergebnis ist schlicht eine gewöhnliche schwarze und weiße Katze – was konnte alltäglicher sein als das? – und doch, wenn er in Hochform war, konnte es geschehen, dass Besucher ins Zimmer kamen, wo er ausgestreckt lag, ein riesiges, gebieterisches Tier, eine Harlekinade aus Schwarz und Weiß, und sie hielten inne und riefen: »Welch eine wundervolle Katze«, und dann nicht glauben konnten, dass dieses Tier bloß eine normale Hauskatze war. »Aber was für eine Rasse?« – »Ach, er ist bloß eine gewöhnliche Katze.«

Vierzehn Jahre alt und bei bester Gesundheit, aber da war diese Geschwulst an seiner Schulter. Er musste zum Tierarzt. Krebs des Schulterbeins. Jetzt musste das Vorderbein amputiert werden, genauer gesagt, der gesamte Schenkel mitsamt der Schulter.

Die Menschen traf ein Schock. Diese Katze eine dreibeinige Katze? Diese Schande würde er gewiss nicht ertragen. Doch der Tag war festgesetzt, und El Magnifico, der sich in den höchsten Tönen beklagte, denn er hatte nie zu den stummen Duldern gehört, wurde zu einem berühmten Katzenchirurgen gefahren und dort der Obhut einer Schwester überlassen. Man versicherte uns, er werde mit drei Beinen vorzüglich zurechtkommen. Er müsse einige Tage bei ihnen bleiben, um sich zu erholen. Allein das musste für ihn schon schwer erträglich sein, denn er hatte sein ganzes Leben in dem Haus zugebracht, wo er geboren wurde. An jedem anderen Ort klagte und jammerte er. Man muss zugeben, dass unser Kater hin und wieder babyhafte Züge aufweist. Man brauchte ihn bloß mit seiner Mutter Susie zu vergleichen, deren hartes Leben sie zu einer tapferen und gleichmütigen Katze gemacht hat. Oder mit dem Kater, den wir vor ein paar Jahren pflegten, Rufus, der, um überhaupt zu überleben, schlau und gerissen sein musste. Nein, hier gab es, wie bei vielen Menschen, einen Widerspruch: Butchkin war und ist es noch, stolz, klug, die einfühlsamste Katze, die mir je begegnet ist, doch wie manche Leute, die niemals um ihr tägliches Brot oder um ihren Platz in der Welt kämpfen mussten, hat er eine weiche Stelle. Und im Inneren dieses großen, stattlichen Tiers verbirgt sich noch eine weitere überraschende Persönlichkeit: er ist zuweilen theatralisch, ein Schauspieler von der altmodischen Sorte, der alle Register zieht, um unerhörte Gefühlsausbrüche darzustellen. Wenn er das Gefühl hat, dass man keine Notiz von ihm nimmt oder er nicht bekommt, was ihm zusteht, lässt er uns das wissen, und manchmal müssen seine Menschenfreunde, von Lachen überwältigt, rasch ins Nebenzimmer gehen, weil er so komisch ist; aber natürlich lassen wir nicht zu, dass er uns lachen sieht, denn diese Beleidigung würde er nie verzeihen.

Als wir ihn beim Arzt zurückließen, miaute er gewiss nicht, um Eindruck zu machen. Er musste hungern, dann bekam er Injektionen, und dann wurde ein großer Teil seines Körpers rasiert. Wir erfuhren, die Operation sei erfolgreich verlaufen, und jetzt war er eine dreibeinige Katze. An jenem Morgen hatte er ausgestreckt auf meinem Bett in der Sonne gelegen, eine lange Pfote elegant über die andere gelegt, und ich hatte das Bein gestreichelt, das bald nicht mehr da sein würde, und die Pfote liebkost, die sich öffnete, um meinen Finger aufzunehmen, den ich hineinschob, wie ich es getan hatte, als er ein Kätzchen war, dessen winziges Pfötchen sich um meine Fingerspitze krümmte. Es war unerträglich, dass man das

pelzige Glied in einen Verbrennungsofen werfen
würde.

Wir riefen ständig in der Klinik an, man versicherte uns, er fresse, ja es gehe ihm gut, aber
er müsse ein paar Tage dableiben. Und dann riefen sie an und sagten, sie hielten es für das Beste, wenn wir ihn nach Hause holten, denn er ver-
trage es nicht, eingesperrt zu sein, er versuche,
an den Seiten seines Käfigs hochzuklettern und –
ja, wir konnten uns vorstellen, wie sein ohrenbe-
täubendes Heulen auf die Nerven der Schwestern wirkte.

Man sagte uns, wir sollten ihn in einen Raum
mit einer fest verschlossenen Tür unterbringen
und dürften ihn eine Woche nicht herauslassen,
wegen der Stiche in dieser schrecklichen Wunde und der Infektionsgefahr. Wir brachten ihn
nach Hause, und er schrie den ganzen Weg. Er war
eine empörte Katze. Seine Freunde, seine Familie und besonders die Freundin, auf deren Bett
er schlief und die ihn sein Leben lang verehrte,
hatten ihn in einen Korb gesteckt, den er hasste,
und über den er seine Ansichten stets nachdrücklich geäußert hatte, doch es war eine längere Reise, als er je eine hatte erdulden müssen, und er
war umgeben gewesen von fremdartigen Stim-
men und Gerüchen, und man hatte ihn hinunter-
getragen an einen unterirdischen Ort, der stark

nach unfreundlichen Katzen roch, und dort war er eingeschlossen worden, seine Familie war plötzlich nicht mehr da, und man stach Nadeln in ihn und schnitt ihm das Fell ab, und dann wachte er auf, sehr verärgert, sehr schwach, und eines seiner Beine war verschwunden, und er fiel aufs Gesicht, wenn er zu gehen versuchte. Und jetzt trugen ihn diese angeblichen Freunde in seinem eigenen Haus nach oben, dessen Treppe er sein Leben lang hinauf- und hinabgeflitzt war und, als hätten sie ihn nicht hintergangen, streichelten und liebkosen sie seine gesunde Schulter.

Oben im Haus, bevor wir die Tür hinter ihm schließen konnten, riss er sich aus dem Arm dessen, der ihn trug, und warf sich alle sieben Treppenstufen hinunter, rollte, fiel, kugelte abwärts, so gut er konnte. An der Katzenklappe zum Garten holten wir ihn ein und trugen ihn in den Garten und legten ihn auf eine Decke unter einen Busch. Er hatte Angst, abermals eingeschlossen, eingesperrt zu werden. Und obwohl seine große Wunde erst ein paar Tage alt war, kroch er durch den Garten, durch den Zaun nebenan und dann zum Zaun am Ende des Gartens. Es sah aus, als wollte er sich vergewissern, dass er, wenn nötig, entfliehen konnte, weg von diesen Leuten, die ihm diese schrecklichen Beleidigungen und diese Wunde zugefügt hatten. Am Abend brachten wir ihn herein, schlossen ihn ein, fütterten ihn, gaben ihm Medizin, sprachen mit ihm, aber er wollte raus, und während der nächsten Tage trug ich ihn jeden Morgen mit einer Schale Wasser zu seinem Busch, und ich ging hinaus, um ihn zu bemitleiden, zu streicheln und zu beruhigen. Er war höflich. Eines Tages, als ich ihn jaulen hörte wie noch nie zuvor, sah ich hinaus, und er balancierte auf seinen drei Beinen, und er hob den Kopf, um zu jaulen. Das war kein Theater, sondern kam aus tiefstem Herzen, ein Schrei der Qual, und als er die Spannung gelöst hatte, den Schmerz, die Verblüffung, die Schande seines fehlenden Beins, legte er sich für eine Weile hin, doch dann raffte er sich auf und heulte wieder. Das Heulen ließ mein Blut erstarren, machte mich rasend vor Niedergeschlagenheit, denn er durchlebte einen Albtraum, den er nicht begreifen und den ich ihm nicht erklären konnte.

»Katze, wenn wir das nicht mit dir gemacht hätten, wärst du binnen einiger Monate tot gewesen – verstehst du das?« Nein, natürlich nicht. »Katze, aufgrund der verblüffenden Schlauheit der menschlichen Rasse bist du am Leben und nicht tot, wie du es in der Natur sein würdest.«

Ich brachte ihn hinauf, damit er auf meinem Bett schlafen konnte, und bald kroch er die Treppe selber hinauf. Eines Nachts – ich war wach und las, und er schlief – schreckte er, wie es auch uns passiert, aus dem Schlaf auf, aus einem Traum, und er stieß einen erschrockenen Schrei aus, blickte sich um, wusste nicht, wo er war – vielleicht war er wieder in seinem Käfig gefangen? –, doch dann wurde der Albtraum schwächer, und er legte sich friedlich hin und blickte hinaus in die Nacht hinter den großen Fenstern. Ich streichelte ihn, und er schnurrte nicht, ich streichelte und streichelte, und endlich schnurrte er. Mehre Male erwachte er plötzlich auf meinem Bett aus einem bösen Traum, und dann – die Zeit verging – hatte er, glaube ich, keine schlimmen Träume mehr. (Dass Katzen träumen, hat die Wissenschaft bestätigt.)

Doch ich erinnerte mich an eine frühere Kränkung. Als er und sein Bruder im richtigen Alter waren, junge Kater, aber noch nicht ganz ausgewachsen, wurden sie zum Kastrieren gebracht, nach Hause geschafft und jeder für sich auf ein dünnes, weiches Kissen gelegt, wo sie ausgestreckt lagen, die Schwänze hinter sich ausgestreckt, und diese Katze, mein Butchkin, mein Magnifico, hob den Kopf und sah mich an, und nie war etwas eindeutiger als dieser lange, tiefe Blick: Du bist meine Freundin, und trotzdem hast du mir das angetan. Denn unter seinem Schwanz war eine blutige Wunde, seine kleinen pelzigen

Katzenhoden waren weg, und nur ein leerer Sack war zurückgeblieben. Ja, natürlich, es musste gemacht werden: Aber es ist sinnlos, sich zu sagen, dass ein kastrierter Kater länger lebt als ein normaler Kater, dass er sich nicht kämpfend in der Nachbarschaft herumtreibt und nicht mehr zerhauen und zerbissen wird, weil der Augenblick, wo man einverstanden ist, dass ein normaler Kater kastriert und auf ein hodenloses Leben reduziert werden muss … nun, es ist ein schlimmer Augenblick, und einzusehen, dass es vernünftig ist, mindert die elementare Schuld nicht: Dieser Kater ist weniger Katze als vorher, und es ist meine Schuld.

Der lange, lange Blick, Vorwurf und Frage: »Warum, wenn du meine Freundin bist?« Bald sprang er, genau wie es der Tierarzt vorhergesagt hatte, leichtfüßig mit seiner einen Pfote treppauf und treppab, auf das Bett und die Sofas und hinunter, doch er war nicht mehr derselbe. Er war gedemütigt, sein Stolz, das empfindlichste Organ einer Katze, war verletzt worden. Seine Würde war verletzt, weil er humpelte, und er musste sich, genau wie wir, gewiss jedes Mal, wenn er sich verschätzte und auf die Nase fiel, an seine herrischen, unbekümmerten Spaziergänge erinnern. Was früher sein Vorteil gewesen war, seine Größe, geriet ihm jetzt zum Nachteil, denn sein verbliebenes Vorderbein, dieses schlanke Glied, trug sein ganzes Gewicht, und das Schultergelenk schwoll an und wurde bucklig. Der Tierarzt sagte, unter dem Fleisch sammle sich Wasser, und wenn sich tief verborgen im Gelenk etwas Schlimmes verberge, so werde es seine Zeit brauchen. Es bestehe nur eine Chance von zehn Prozent, dass der Krebs wiederkehre.

Fast drei Jahre sind vergangen. Der Kater hat dieses besondere Leben gemeistert. Er hat sich wacker geschlagen. Sein Fell glänzt. Er ist ein prächtiger bejahrter Kater mit einer Spur Grau an einem Ohr. Seine Augen sind hell. Er bewältigt sein eingeschränktes Leben, indem er ebenso sorgsam seine Fähigkeiten und die Risiken einschätzt wie Menschen, die ein Glied verloren haben, die behindert sind: Das beobachtete ich zum ersten Mal an meinem Vater, der im Krieg ein Bein verloren hatte.

Aber El Magnifico ist einsam. Er war an einen Haushalt mit Katzen gewöhnt. Für die sechs Kätzchen seiner Mutter war das ganze Haus ein Spielplatz, bevor sie ihre eigene Heimat fanden. Ein Kater, Charlie, blieb eine Zeit lang. Er war ein hübscher, verwegener Tiger mit allen Eigenschaften eines jüngeren Bruders und ihn zusammen mit dem großen, ruhigen, beherrschenden Butchkin zu beobachten, war besser als ein Lehrbuch über geschwisterliche Beziehungen. Dann kam Rufus, der so krank war und viel Pflege brauchte, aber dennoch versuchte, den Chef zu spielen; und als Butchkin das nicht zulassen wollte, lebten die beiden Kater zwei getrennte Leben und nahmen keine Notiz voneinander. Doch als Rufus starb, vermisste ihn Butchkin, rief nach ihm, suchte überall im Haus und Garten nach ihm. Fortwährend kamen Katzen in unser Haus. Eine, die wir etwa ein Jahr fütterten, weil sie offensichtlich ein schlimmes Zuhause gehabt hatte und unser Haus vorzog, wurde überfahren, und eine schwierige Operation war nötig, an der zwei Tierärzte und zwei Schwestern beteiligt waren, weil der Autoreifen die Organe in den Brustkorb gedrückt hatte. Für sie fanden wir ein gutes Zuhause, und sie lebte noch fünf Jahre. Einen Kater nannten wir »Der Pirat«, weil er wie ein Plünderer in unser Haus kam. Er war offensichtlich miserabel gefüttert worden, denn er konnte nie an Futter vorübergehen, ohne es aufzufressen, bis auf den letzten Bissen, immer hungrig. Butchkin pflegte dazusitzen und ihm beim Fressen zuzuschauen. Butchkin hatte nie gehungert, kennt den Gedanken nicht, dass es nach diesem Essen vielleicht kein zweites geben könnte; folglich frisst er mäßig, entschließt sich vielleicht, einen vollen Napf ganz stehen zu lassen oder nur halb aufzufressen. Dieser riesige Kater, dieses große, schwere Tier ist nie ein gieriger Esser gewesen: es sind seine Gene, denn seine Mutter war eine große, massige Katze.

Doch im Augenblick gehen keine Katzen ein und aus, klettern nicht am Fliederstrauch an der Rückseite des Hauses hinauf, um uns zu besuchen oder um etwas zu trinken oder zu fressen zu betteln. Weil wir in diesen Tagen wärmeres, trockeneres Wetter haben, suchen Katzen oft nach Wasser, und die Schale, die ich auf die Vordertreppe stelle, wird häufig von Katzen aufgesucht, die den Tag über von Zuhause ausgesperrt oder die auf ihren Streifzügen sind. Es gibt jetzt keine Katzen, die unser Heim als das ihre ansehen, es ist bloß diese verkrüppelte Katze im Haus, und das ist sicherlich sonderbar. Warum gehen sie nicht ein und aus, wie sie es immer taten? Der Tierarzt sagte, das Hauptproblem unserer Katze würden die anderen Katzen sein, weil er sich nicht verteidigen könne mit nur einer Pfote. Aber er vermisst die anderen Katzen.

Er geht in den Garten hinaus, sitzt da und ruft und ruft ... dieser Ton ist anders als alle Töne, mit denen er uns ruft. Es hört sich schmeichelnd an, verschmust, eindringlich. Nebenan wohnt eine junge Katze, die ihrem Besitzer Kummer macht, weil sie Amseln und Rotkehlchen jagt. Sie ist alles andere als schön, nicht einmal hübsch. Ihr Fell ist grob, von bräunlicher Farbe, und sie ist muskulös und untersetzt. Sie hat weder Anmut noch Liebreiz, aber sie ist eine tödliche Jägerin, und die Bewegung, mit der sie sich rasch ihrer Beute nähert, ähnelt der einer Schlange, elegant und hurtig. Natürlich sind wir der Ansicht, sie sei für unsere schöne Katze nicht gut genug, aber er will sie zur Freundin haben und sitzt da und ruft, starrt ihr Haus an, ruft abermals, aber sie lässt sich nicht blicken, also zwängt er sich unbeholfen durch die Katzentür und schleppt sich die Treppe hinauf. Vermutlich denkt sie: Was soll ich mit diesem alten verkrüppelten Kater anfangen?

Eines Nachmittags stand ich auf dem Balkon und beobachtete diese Szene: Unser Kater ist im Garten und jault, und die Katze von nebenan kommt durch den Zaun, beachtet ihn aber nicht. Sie schreitet gleichgültig an ihm vorbei. Er stößt leise, freundliche Töne aus, dieselben, mit denen er uns zu begrüßen pflegt. Sie geht weiter, durch den Zaun an der anderen Seite. Er folgt, zwängt sich mühevoll durch eine schmale Lücke. Sie nimmt unter der Birke auf der anderen Seite des

Gartens Platz, ihm zugewandt, blickt aber an ihm vorbei. Er sitzt achtsam ein paar Schritte entfernt. Die zwei Katzen sitzen da, in einer Art Einverständnis. Dann versucht unser Kater sein Glück und bewegt sich vorsichtig ein paar Katzenschritte näher. Hastig weicht sie um die gleiche Entfernung zurück. Er sitzt, balanciert auf seinem Vorderbein und seinem Hinterteil. Sie leckt sich ein bisschen. Diese offenherzige Katze ist ohne Koketterie, sie verachtet weibliche Tricks, ganz anders als Graufell, deren Leben schon so weit in der Vergangenheit liegt: sie flirtete, lockte und verführte die Menschen wie die Kater. Butchkin beobachtet sie. Dann macht er einen weiteren Vorstoß, nicht direkt auf sie zu, sondern schräg abgesetzt und nimmt wieder Platz, jetzt näher. Sie reagiert nicht. Beide sitzen da, sie leckt sich oder schaut umher oder rührt eine Pfote, um einen Käfer oder etwas auf dem Boden in ihrer Nähe anzustubsen. Er miaut leise, einmal, zweimal. Von ihr keine Antwort. Dann, nach ungefähr einer Viertelstunde, geht sie an ihm vorbei, ganz nah und setzt sich neben ihn, doch mit dem Rücken zu ihm und blickt in den verwilderten Teil des Gartens. Er verändert seine Stellung, um in die gleiche Richtung zu blicken. Abermals miaut er, einladend, verlockend. Sie trollt sich bedächtig in den wilden Garten, wo sie unsichtbar wird, obgleich die Gräser sich wellen, durch die sie sich bewegt. Sie springt auf den Zaun, wo er zu hocken pflegte, um die Eichhörnchen und Vögel zu beobachten, ein Platz, den er jetzt nicht erreichen kann. Dann ist sie fort auf der großen grünen Ebene des Wasserreservoirs, deren Gras frisch gemäht worden ist. Er ruft ihr nach, und dann kommt er ins Haus, langsam die Treppe hinauf … Sie fallen ihm schwer, unsere vielen, vielen Treppenstufen.

Er musste sie jedes Mal bewältigen, wenn er in den Garten musste, um sein Geschäft zu verrichten, und ich fragte mich, ob ihm ein Katzenklo behagen würde, doch ich fand, diese unabhängige Katze könnte das beleidigend finden. Dann wurde klar, dass es für ihn zu viel wurde, und darum hat er jetzt ein Katzenklo. Manchmal versucht er, nach draußen zu kriechen, doch das bereitet ihm Schmerzen in seiner knotigen und geschwollenen Schulter.

Unmittelbar nach der Amputation spannten und strafften sich beim Stuhlgang die Muskeln unter der glatten schwarzen abfallenden Haut, wo vorher seine Vorderschulter gewesen war, als er versuchte, den Kot einzuscharren. Er machte weiter, sah dann nach, was passierte, versuchte es abermals mit diesen Muskeln, die früher das Bein bewegt hatten. Und dann – sah er verdutzt und verlegen aus. Er warf mir einen Blick zu, als wollte er sagen, er hoffe, dass ich seine albernen Bemühungen nicht bemerkt hätte. Er gab den Versuch auf, seinen Kot einzuscharren. Jetzt braucht er lange, um sich auf seinen drei Beinen in die richtige Stellung zu bringen, damit er in sicherem Gleichgewicht ist.

Sein Lieblingsplatz ist ein niedriges Sofa im Wohnzimmer, das er bequem erklettern und verlassen kann. Dort ist auch eine niedrige Bank vor einem Heizkörper, und dort lässt er sich nieder, sodass die Wärme direkt auf seine schmerzende Schulter trifft. Früher schlief er immer auf meinem Bett, doch jetzt kommt er die zwei engen und steilen Treppen nicht mehr hinauf. Ich vermisse ihn. Wenn ich aufwache, sehe ich ihn nicht mehr, wie er ausgestreckt mit glitzernden gelben Augen in die Nacht starrt, höre seine freundlichen kleinen Töne nicht mehr, die meine Tage begleiten, wenn ich in ein Zimmer gehe oder es verlasse. Welch ein Repertoire er hat! Das Schnurren und halbe Schnurren des Willkommens, die Rufe der Begrüßung, das leise Murren, mit dem er eine Situation gutheißt oder sich bedankt oder mich warnt, ich bin hier, sei vorsichtig, achte auf meine Schulter. Manchmal ist das, was er sagt, nicht so angenehm. Er sitzt vor mir, starrt mich durchdringend an und stößt dann eine Reihe lauter zorniger Miaus hervor, alle im gleichen Tonfall. Eine Anklage? Ich weiß es nicht.

Als er eine junge Katze war, merkte ich beim Erwachen, dass er fort war und dann, wenn er sah, dass ich munter war, kam er auf mein Bett, legte sich an meine Schulter, schloss seine Pfoten um meinen Hals, legte seine Wange gegen die meine und stieß diesen tiefen Seufzer der Zufriedenheit aus, wie man ihn von einem kleinen Kind hört, wenn es endlich in liebevolle Arme gehoben wird. Und ich hörte mich mit einem Seufzer antworten. Dann schnurrte und schnurrte er und schlief in meinen Armen ein.

Welch ein Reichtum doch eine Katze ist: die Augenblicke unerhörter plötzlicher Freude an einem Tag, das Tier zu fühlen, die weiche Geschmeidigkeit unter deiner Handfläche, die Wärme, wenn du in einer kalten Nacht erwachst, die Grazie und der Zauber, über den selbst eine ganz gewöhnliche, alltägliche Katze verfügt. Eine Katze geht durch dein Zimmer, und in diesem einsamen Schreiten erkennst du einen Leoparden oder sogar einen Panther, oder sie wendet den Kopf, um deinen Gruß zu erwidern, und das gelbe Feuer der Augen verrät dir, welch einen exotischen Besucher du in diesem Hausfreund hast, in der Katze, die schnurrt, wenn du sie streichelst, ihr Kinn reibst oder sie am Kopf kratzt.

Im Zimmer unter meinem Schlafzimmer gibt es ein Bett, es ist ein Hochbett, doch ein Stapel von Kissen und Decken macht es ihm leicht, hinaufzuklettern und wieder herunter. Sein Reich ist jetzt das Wohnzimmer, mit Ausflügen in die Küche und auf das kleine, flache Dach davor und zum Obergeschoss, wo auf dem Treppenabsatz sein Katzenklo steht.

Er lässt sich gern am ganzen Körper bürsten, langsam und behutsam, denn dort, wo seine Vorderpfote war, wird das Fell struppig und verfilzt. Er hat es gern, wenn ich ihn durchknete und massiere und ihm vom Nacken bis zum Schwanz mit kräftigem Druck das Rückgrat reibe. Ich wasche ihm die Ohren und Augen, denn eine Pfote ist dafür nicht so gut wie zwei. Und er leckt mir die Hand, die für ein paar Augenblicke eine Pfote wird, sodass ich damit das Auge auf der Seite reiben kann, die er nicht erreicht, wieder und wieder, denn sein Speichel ist wie der unsere heilsam und hält das Auge gesund.

Manchmal, wenn er zu lange auf dem Sofa gelegen hat, kann er es nur unter Schwierigkeiten wieder verlassen, weil er steif geworden ist, wie es auch mir ergeht, wenn ich lange still sitze, und dann humpelt er nicht einmal, sondern kriecht unter Schmerzen und ein niedergeschlagenes Miau ausstoßend zu seinem anderen Fleckchen, wo die Heizkörperhitze seine alten Knochen lockern kann.

Er hält sich nicht schlecht, dieser alte Kater mit drei Beinen, und Leute, die ins Zimmer kommen, bleiben stehen und rufen: Welch eine prächtige Katze! – doch dann, wenn er aufsteht und forthumpelt, verstummen sie, besonders dann, wenn sie ihn als junge Katze gesehen haben, die stolz aus dem Zimmer schritt, oben auf ihrem Korb lag – auf den er jetzt nicht mehr springen kann –, die Pfoten lässig vor sich gekreuzt, mit langem schlagendem Schwanz, den ruhigen, unergründlichen Augen.

Wenn du bei einer Katze sitzt, die du gut kennst, und deine Hand auf sie legst und versuchst, dich dem Rhythmus ihres Lebens anzupassen, der von dem deinen so verschieden ist, hebt sie manchmal den Kopf und grüßt dich mit einem leisen Ton, der von ihren anderen Tönen völlig verschieden ist und dir sagt, sie weiß, dass du versuchst, in ihr Wesen einzudringen. Sie blickt dich mit Augen an, die sich ständig den Veränderungen des Lichtes anpassen, du blickst sie an, während deine Hand leicht auf ihr ruht ... wenn eine Katze Albträume hat, dann muss sie auch angenehme und interessante Träume haben, genau wie wir. Vielleicht führen ihre Träume die Katze an Orte, die ich in meinen Träumen kenne, doch bin ich ihr dort nie begegnet. Ich träume oft von Katzen, von großen und kleinen Katzen, und ich trage Verantwortung für sie, denn die Katzenträume mahnen mich immer an meine Pflicht. Die Katzen brauchen Futter, oder sie brauchen eine Zuflucht. Wenn unsere Traumwelten, die der Katzen und die der Menschen, nicht die gleichen sind oder es nicht zu sein scheinen, wohin reist der Graue dann, wenn er schläft?

Er mag es gern, wenn wir still beisammensitzen. Doch das ist keine einfache Sache. Es ist unmöglich, bei ihm zu sitzen, wenn ich gehetzt bin oder darüber nachdenke, was ich im Haus oder Garten tun oder was ich schreiben sollte. Vor langer Zeit, als er ein Kätzchen war, lernte ich, dass er ein Kater war, der meine ganze Aufmerksamkeit verlangte, denn er wusste, wenn meine Gedanken abschweiften, und es hatte keinen Sinn, ihn mechanisch zu streicheln, wenn ich mit den Gedanken anderswo war oder gar ein Buch nahm, um zu lesen. In dem Augenblick, in dem ich mich von ihm entfernte, nicht mehr ausschließlich an ihn dachte, ging er fort. Wenn ich mich zu ihm setze, bedeutet das, dass ich mich beruhigen muss, still und entspannt sein muss, und wenn ich ihn streichele, dann muss es feinfühlig und gemächlich sein, unbelastet von Sorgen und Hast. Wenn ich das tue – und auch er muss in der rechten Stimmung sein, frei von Schmerz und Unruhe –, dann lässt er mich auf subtile Weise wissen, dass er versteht, dass ich versuche, ihn zu erreichen, ihn, die Katze, ihr tiefstes Wesen. Mensch und Katze: Wir versuchen das zu überbrücken, was uns trennt.

DIE AUTORIN

Doris Lessing (1919–2013) wurde in Persien geboren und wuchs auf einer Farm im damaligen Südrhodesien auf. Mit dreißig Jahren kam sie nach London und veröffentlichte dort 1950 ihren ersten Roman. Ihr umfangreiches literarisches Werk hat sie zu einer der bedeutendsten Autorinnen des 20. Jahrhunderts gemacht. Im Hoffmann und Campe Verlag erschienen seit 1988 zahlreiche Werke, zuletzt ihre Romane *Die Kluft* (2007) und *Alfred und Emily* (2008) sowie eine fünfzehnbändige Werkausgabe. Sie wurde mit dem Nobelpreis für Literatur ausgezeichnet.

2. Auflage 2015
Copyright © 1989, 1998, 2004 by Doris Lessing
Für diese Ausgabe
Copyright © 2014 by Hoffmann und Campe Verlag, Hamburg
www.hoca.de
Satz: Pagina GmbH, Tübingen
Druck und Bindung: Kösel, Krugzell
Gesetzt aus der Caslon 540
Printed in Germany
ISBN 978-3-455-40515-6

HOFFMANN
UND CAMPE

Ein Unternehmen der
GANSKE VERLAGSGRUPPE